DEIN FREUND UND HELFER

J. KOX • CAUVIN

Reiner·Feest·Verlag

1. Auflage 1990
© Reiner-Feest-Verlag
Seckenheimer Str. 78   6800 Mannheim 1
L'agent 212 / Voie sans issue
© 1988 by Kox / Cauvin - Editions Dupuis, Belgien
Übersetzung: Klaus Jöken
Lettering: Michael Kempter
Redaktion: Georg F.W. Tempel
Alle deutschen Rechte vorbehalten
ISBN 3-89343-677-4

HOMBRE!

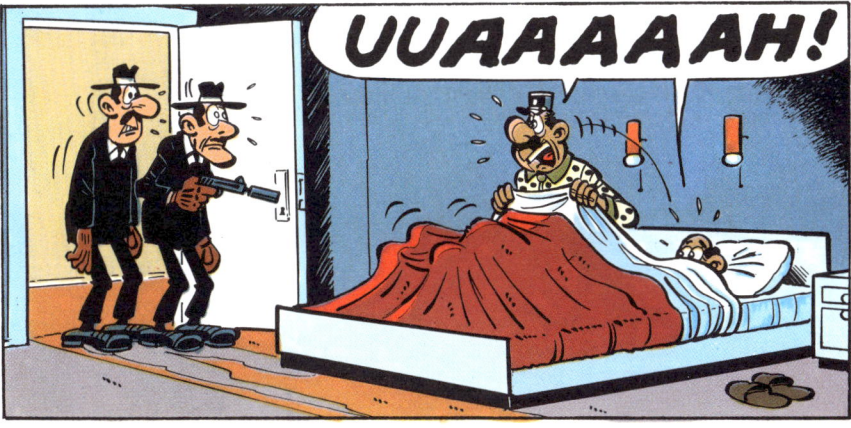

APRIL, APRIL ...

DER PIRATENSCHATZ

ES WEIHNACHTET SEHR ...

KEIN SCHÖNER ORT ...

TRAUM UND WIRKLICHKEIT

KALTER SCHWEISS

ALLES GUTE KOMMT VON OBEN ...

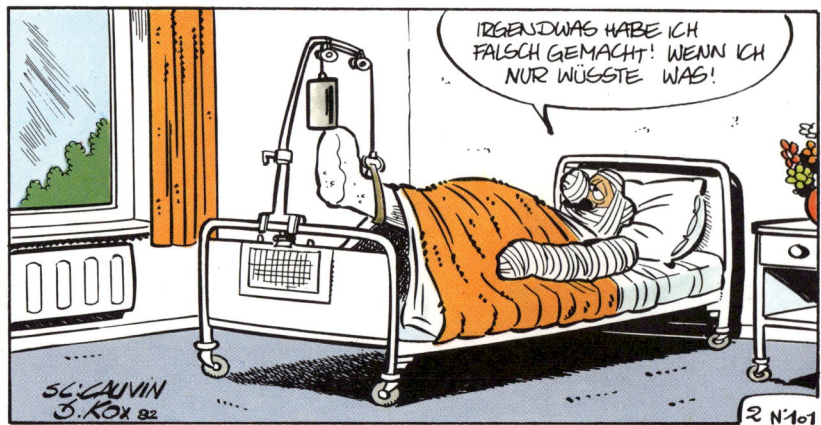

DER PARFÜMIERTE BULLE

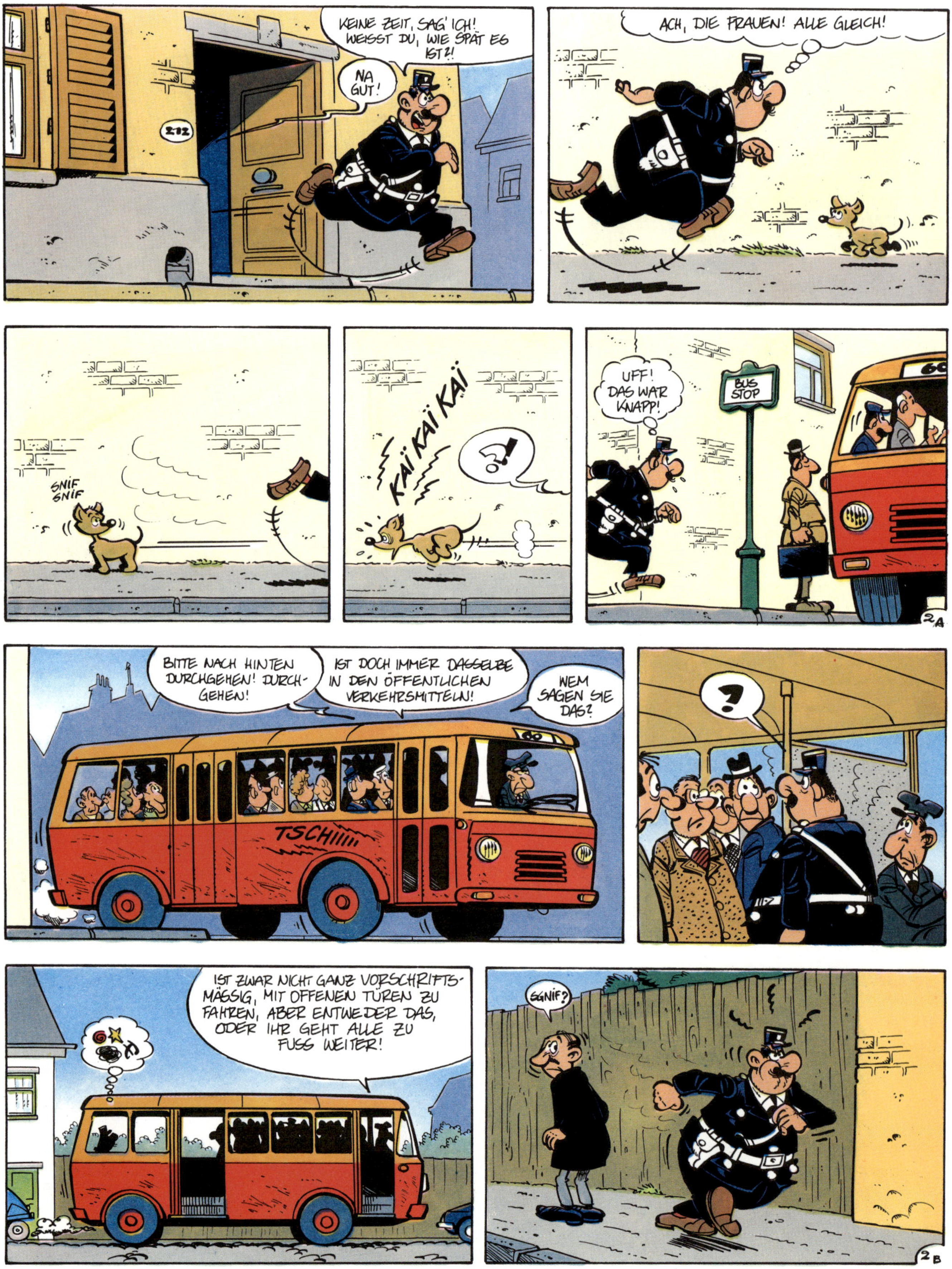
KEINE ZEIT, SAG' ICH! WEISST DU, WIE SPÄT ES IST?!
NA GUT!
ACH, DIE FRAUEN! ALLE GLEICH!
SNIF SNIF
KAÏ KAÏ KAÏ
UFF! DAS WAR KNAPP!
BUS STOP
BITTE NACH HINTEN DURCHGEHEN! DURCHGEHEN!
IST DOCH IMMER DASSELBE IN DEN ÖFFENTLICHEN VERKEHRSMITTELN!
WEM SAGEN SIE DAS?
TSCH!!!!
IST ZWAR NICHT GANZ VORSCHRIFTSMÄSSIG, MIT OFFENEN TÜREN ZU FAHREN, ABER ENTWEDER DAS, ODER IHR GEHT ALLE ZU FUSS WEITER!
SGNIF?

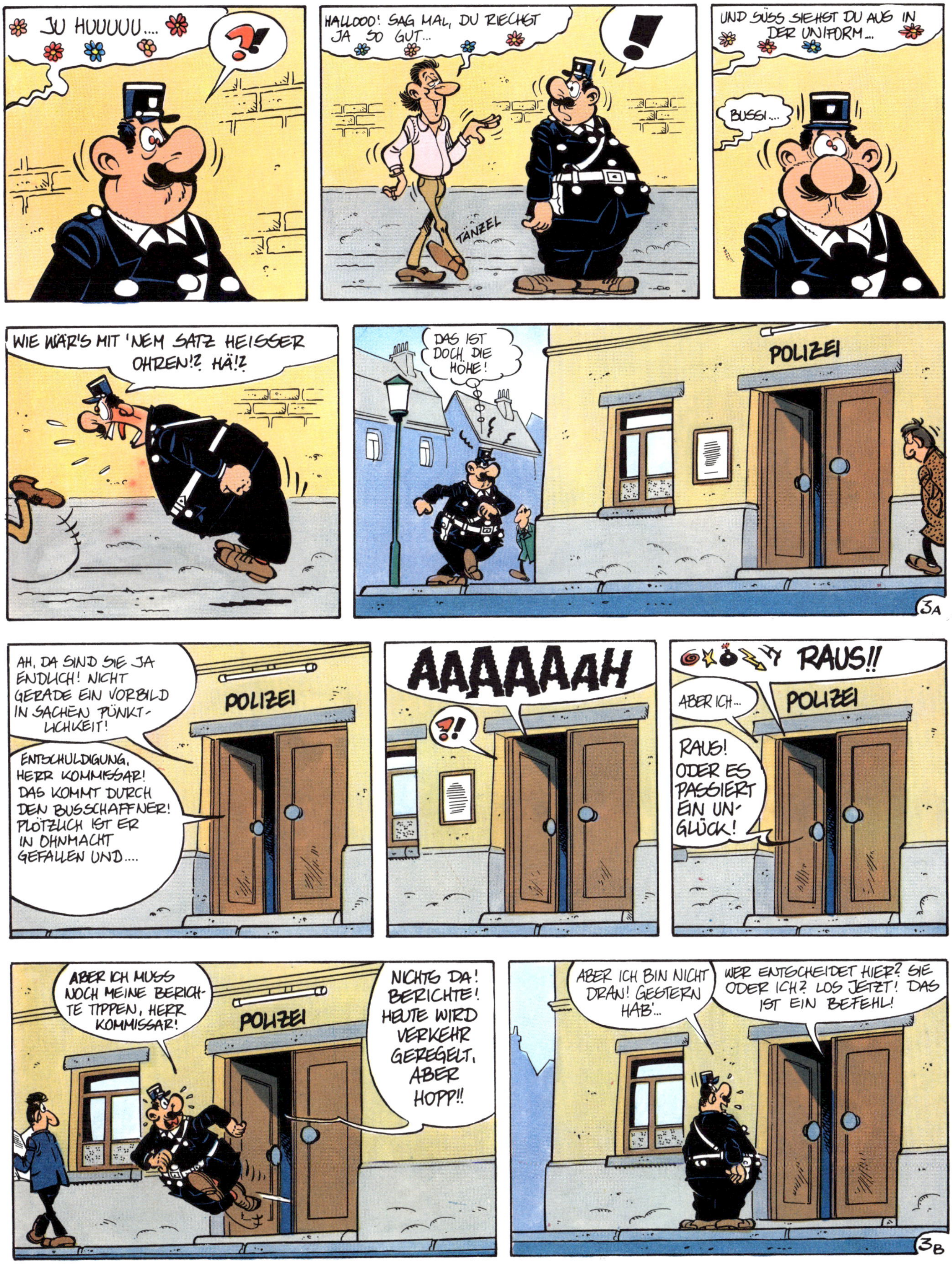
JU HUUUUU....
?!
HALLOOO! SAG MAL, DU RIECHST JA SO GUT...
!
TÄNZEL
UND SÜSS SIEHST DU AUS IN DER UNIFORM...
BUSSI...
WIE WÄR'S MIT 'NEM SATZ HEISSER OHREN!? HÄ!?
DAS IST DOCH DIE HÖHE!
POLIZEI
3A
AH, DA SIND SIE JA ENDLICH! NICHT GERADE EIN VORBILD IN SACHEN PÜNKTLICHKEIT!
ENTSCHULDIGUNG, HERR KOMMISSAR! DAS KOMMT DURCH DEN BUSSCHAFFNER! PLÖTZLICH IST ER IN OHNMACHT GEFALLEN UND....
POLIZEI
AAAAAAH
?!
RAUS!!
ABER ICH...
POLIZEI
RAUS! ODER ES PASSIERT EIN UNGLÜCK!
ABER ICH MUSS NOCH MEINE BERICHTE TIPPEN, HERR KOMMISSAR!
NICHTS DA! BERICHTE! HEUTE WIRD VERKEHR GEREGELT, ABER HOPP!!
POLIZEI
ABER ICH BIN NICHT DRAN! GESTERN HAB'...
WER ENTSCHEIDET HIER? SIE ODER ICH? LOS JETZT! DAS IST EIN BEFEHL!
3B

SPÄTER...
TUUUT
PIIIIIP
DUPUIS
TRIIIT TRIIIT TRIIIT
TUUUT
HALLO!
NA ENDLICH! ICH DACHTE SCHON, IHR HÄTTET MICH VERGESSEN!
I WO! DER KOMMISSAR HAT 'NE GROSSE KLAPPE, ABER IM GRUNDE EIN WEICHES HERZ! ER HAT'S SICH ANDERS ÜBERLEGT! ICH SOLL DICH ABLÖSEN!
DAS IST NETT!
SAG MAL, ALBERT... RIECHST DU NICHTS?!
HMM? WO DENN?!
4A
HIER! DA!
SCHNÜFF!
SGNIF? SGNIF? SGNIF?
?
MEINE GÜTE! BEI DEN BULLEN NEHMEN DIE NEUERDINGS WOHL JEDEN...
AUSSER DEN AUSPUFFGASEN UND DEM SCHWEISS RIECHE ICH NICHTS BESONDERES...
NEIIIN!?
DOCH!
JUPPIIIIIEEE!
?
4B

PARFUMERIE
COCO CANAILLE 388!? NATÜRLICH! SOLL ICH'S ALS GESCHENK EINPACKEN?
POLIZEI
AH! DA SIND SIE JA! WAS SOLLTE DAS HEISSEN, SICH SO ZU PARFÜMIEREN? DACHTEN SIE, DAS HIER SEI EIN MÄDCHEN-PENSIONAT!?
OH NEIN, HERR KOMMISSAR! DAS IST EINE LANGE GESCHICHTE... WENN SIE ERLAUBEN, ERZÄHLE ICH SIE IHNEN....
KURZ DARAUF....
HA HA HA! UND WELCHES PARFÜM, SAGTEN SIE?
COCO CANAILLE 388, HERR KOMMISSAR! SUPERKONZENTRAT!
UM MEINER FRAU EINE FREUDE ZU MACHEN, HAB' ICH IHR EINE NEUE FLASCHE GEKAUFT! HALTEN SIE MAL DIE HAND HIN, SIE WERDEN SEHEN, WIE DAS RIECHT....
HA HA HA...
PAF KLING
KLING
OH! VER... VERZEIHUNG!
SIE, HERR KOMMISSAR? DAS VERSTEHE ICH NICHT!
FRAGEN SIE 212! DER ERKLÄRT'S IHNEN!
TUUUT
PIIIP
ENDE!!
58 BRC
SC: CAUVIN
J. KOX 81

EINGEGIPST ...

PFFIUUUUU...

VROOOM TUUUT TUUUT VROO VROO VROOO VROOO

STIMMT! WENN MAN IMMER NUR DIE ANDEREN BESCHÜTZT, VERGISST MAN SICH SELBST DARÜBER!

BUMM!

...ALSO, ALS SIE AN DER BOTSCHAFT VON RAWADJI VORBEIKAMEN, HABEN SIE EINEN VERDÄCHTIGEN WAGEN BEMERKT...!

GANZ GENAU, HERR KOMMISSAR!

GUT! WAS HABEN SIE DANN UNTERNOMMEN?

ICH HABE SOFORT AN EINE AUTOBOMBE GEDACHT... ALSO HAB' ICH DEN ABSCHLEPPDIENST ANGERUFEN, DAMIT MAN IHN ENTFERNT!

UND ES IST IHNEN NATÜRLICH NICHT EINGEFALLEN, ZUERST DEN MINENRÄUMDIENST ZU INFORMIEREN!?

ÜBERHAUPT NICHT! WIESO?

ACH, NUR SO... SCHLUCHZ!

?

BUHUHU...

ABSCHLEPPDIENST

GUTEN APPETIT!

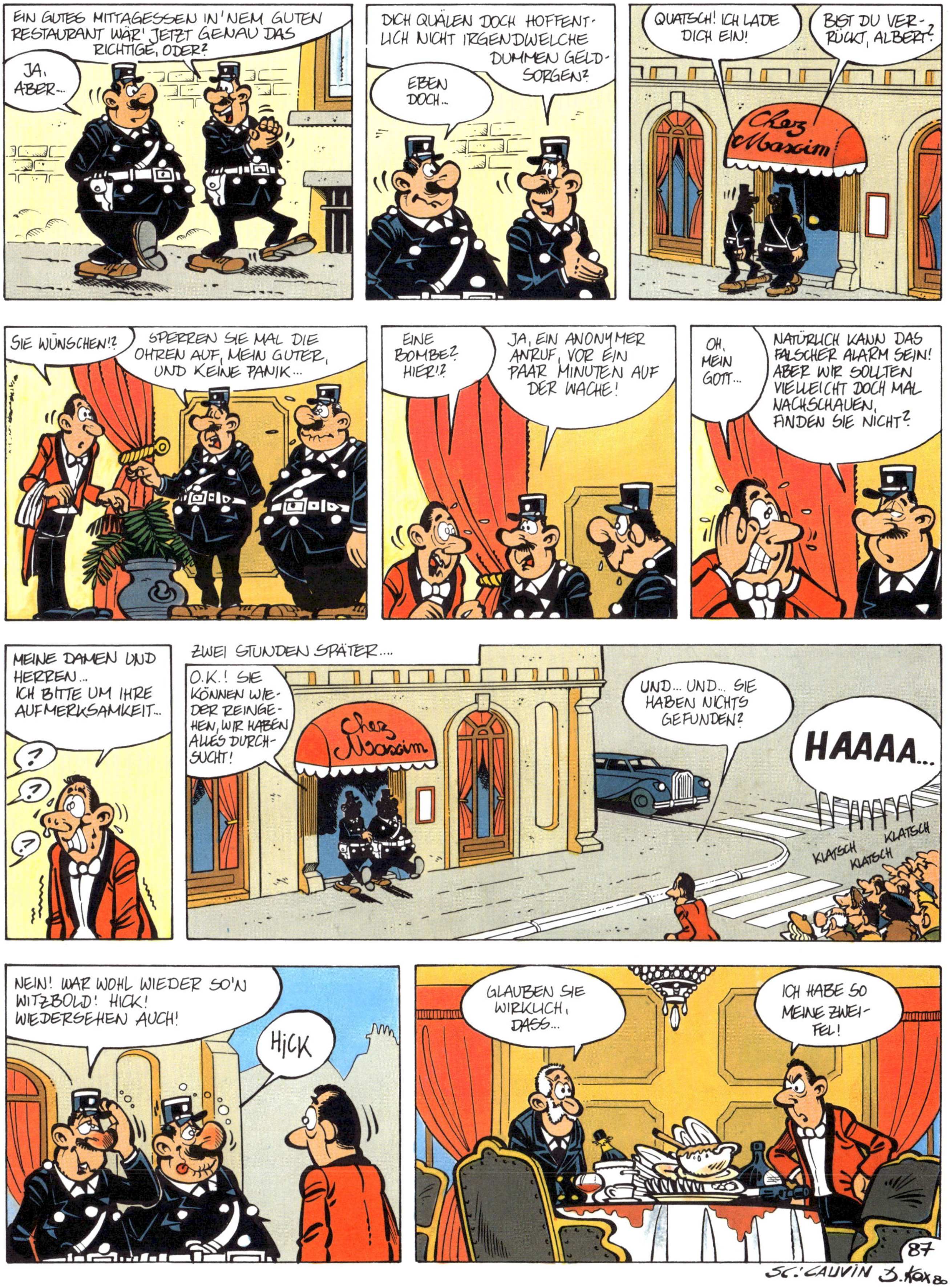

BOMBENSTIMMUNG!